Mr Le Rebourg
27 avril 1778
Remy

Catalogue

Mr Le Rebourg

1733

CATALOGUE

DES TABLEAUX,

Estampes, Bronzes, Marbres & autres objets après le décès de M. le Rebourg, Président en la quatrieme Chambre des Enquêtes.

Par Pierre REMY.

Cette vente se fera le Lundi 27 Avril, trois heures de relevée, & jours suivants, en l'Hôtel de feu M. le Président le Rebourg, rue du Bacq, au coin de la rue de l'Université.

Le présent Catalogue se distribue,

A PARIS,

Chez {
Me. DE LAIZÉ, Huissier Priseur, Quai de la Mégisserie
PIERRE REMY, Peintre, rue des Grands Augustins.
}

M. DCC. LXXVIII.

CATALOGUE

Des Tableaux, Figures de bronze & de marbre, Estampes & autres objets du Cabinet de feu M. le Rebourg, Président en la quatrieme Chambre des Enquêtes.

TABLEAUX.

ÉCOLE D'ITALIE.

1 L'ANGE Gardien, ayant devant lui un enfant qui joint les mains ; le Démon armé d'une fourche est renversé à terre : figures grandes comme demi nature dans un paysage.

Ce tableau est connu depuis long-temps, on l'a toujours estimé être du *Dominiquain*, son mérite est distingué, il est peint sur une toile qui porte 4 pieds de haut, sur 3 pieds de large. Il vient du Cabinet de feu M. de Chuberé, Conseiller honoraire du Parlement.

Pierre François Molla.

900   2. Agar & Ismael, un Ange qui est sur un nuage.

Ce tableau est du plus beau *faire* de cet Artiste, d'un coloris vigoureux & agréable, il est peint sur une toile de 16 pouces de haut, sur 20 pouces de large.

Philippe Laure.

72-1   3. Alphée & Arétuse, Diane que l'on voit en l'air vient de décocher une fléche. Ce joli tableau est peint sur toile ; hauteur 6 pouces 6 lignes ; largeur 9 pouces 6 lignes.

Julle Romain.

15-4   4. L'enlévement des Sabines ; ce tableau peint en grisaille & qui nous paroît être de Julle Romain , porte 15 pouces de haut, sur 23 pouces de large.

Spolverino.

5 Deux Batailles , peintes sur toile ; elles portent chacune 6 pouces 6 lignes de haut , sur 9 pouces 6 lignes de large.

Roberti.

6 Deux Tableaux représentants des ruines d'architecture antique ; à Rome en 1690 ; hauteur , chacun de 20 pouces , largeur 24 pouces.

ÉCOLE DES PAYS-BAS.

Paul Bril.

7 Un paysage , peint par *Paul Bril,* enrichi de figures & animaux , par *Annibal Carrache.*

Ce tableau connu depuis long-temps pour être d'un mérite su-

périeur à beaucoup d'autres, est
peint sur toile.

Corneille Poelenburg.

3 60   8 L'adoration des Bergers. On compte
vingt-huit figures, & encore vingt
Anges ou têtes d'Anges dans l'air;
ce beau tableau frais de coloris est
sur cuivre : hauteur 17 pouces 3 lignes, largeur 14 pouces, il vient
du Cabinet de feu M. L'abbé Boucher.

6 00   9 Un autre excellent Tableau & très-
agréable. On y remarque à droite
sur le premier plan quatre femmes,
dont deux paroissent se parler : sur
des plants différens, six hommes,
des Vaches & des Moutons ; les
fonds sont terminés par de petits
arbres & des fabriques. Il est peint
sur bois : hauteur 9 pouces, largeur
11 pouces 6 lignes.

258.19   10 Un joli Tableau aussi de *Poelen-*
burg, peint sur cuivre de 4 pouces
de haut, sur 7 pouces de large. On
voit sur le devant un homme à che-
val, & une femme qui ramasse un

paquet ; plus loin font trois figures
& trois vaches.

Jean Breughel , dit de Velours.

11 Deux tableaux qui méritent confi-
dération ; l'un eft compofé de plufieurs maifons au bord d'un canal
environné de prairies, & enrichi de
figures ; l'autre fait voir un bois bor-
dé par un étang où font deux chaf-
feurs avec leurs chiens. Ils font peints
fur cuivre, & portent chacun 4 pouces de haut, fur 6 pouces de large.

Jean Miel.

12 Un homme courbé, faifant boire un
chien qu'il tient en laiffe. Ce tableau
eft d'un coloris vigoureux & tranf-
parent ; il eft peint fur ardoife ; hauteur 8 pouces , largeur 5 pouces 9 li-
lignes.

David Teniers.

13 Une tabagie. Sur le premier plan font
fix hommes dont deux jouent aux
cartes fur un baquet qui leur fert de
table ; fur un plan plus éloigné deux

8. *Ecole des Pays - Bas*

hommes se chauffent ; sur le devant un chien se repose. Ce bon Tableau est peint sur bois ; il porte 9 pouces 9 lignes de haut, sur 14 pouces 6 lignes de large.

14 Deux paysages avec des côteaux, des figures & des animaux, ces Tableaux frais de coloris, sont peints par *David Teniers* dans le genre de Paul Bril ; ils sont sur bois, & portent chacun 5 pouces 6 lignes de haut, sur 4 pouces 6 lignes de large.

Gabriel Metzu.

15 Une femme vue à mi-corps, son bras gauche posé sur l'appui d'une fenêtre ; elle tient de la main droite une grappe de raisin, qu'elle a prise dans un baquet où il y a encore d'autres raisins & des fruits, ce tableau est peint sur bois ; hauteur 7 pouces 3 lignes, largeur 5 pouces 8 lignes : il vient du cabinet de M. de Jullienne, n°. 167.

Bartholomée Breenberg.

16 Moyse sauvé des eaux, & présenté

à la fille de Pharaon ; fa compofition eft de neuf figures principales :
on voit encore dans l'éloignement
un pont & plufieurs figures, dont un
homme conduifant deux éléphants
& un troupeau de moutons. Les
fonds font très ornés de fabriques &
de petits arbres.

Ce tableau diftingué eft daté
de 1636 ; il eft peint fur bois &
porte 15 pouces de haut fur 20
pouces 9 lignes de large.

Nicolas Berghem.

17 Un tableau peint fur bois ; hauteur   1350
8 pouces 6 lignes, largeur 11 pouces. On en trouve l'eftampe gravée
par J. Aliamet ; elle a pour titre :
L'efpoir du gain donne de la gaieté,
& diffipe l'ennui d'un voyage.

Ce morceau eft eftimable par
fa touche favante, fon coloris &
l'agrément de la compofition.

Antoine-François Vander Meulen.

18 Un beau payfage, dans lequel on   455
voit un charriot couvert, efcorté

par des cavaliers. Ce savant tableau,
peint en 1661, est sur bois : hauteur
8 pouces, largeur 10 pouces 9 lignes.

Jean Molenaer.

19 Un tableau du bon temps de ce
Maître ; il est composé de neuf figures, dont un homme lit la Ga-
zette, & une femme tient un verre.
Il est peint sur bois, & porte 12
pouces 3 lignes de haut, sur 11 pouces 6 lignes de large.

Vander Weerf.

20 Le gladiateur sur un piedestal ; au
bas cinq figures à mi-corps, dont
une tient une tête. Ce tableau a un
mérite si distingué, qu'il est estimé
être du *Chevalier vander Weerf* ; il
est peint sur bois ceintré du haut :
hauteur 8 pouces, largeur 6 pouces.

Rickàert.

21 Deux paysages avec figures, peints
sur cuivre : hauteur chacun de 7
pouces, largeur 9 pouces.

De Clerck.

22 Loth avec ses filles : tableau sur bois, hauteur 2 pieds 3 pouces, largeur 3 pieds.   25. 12

Jean Linghelbac.

23 Deux jolis paysages avec figures : ils sont peints sur bois, & portent chacun 8 pouces en quarré. Le ragoût de la touche & la chaleur du coloris les rendent estimables.   82

D. Delen.

24 Une église d'Anvers, peinte sur bois en 1653, ornée de figures par Corneille Poelenburg : hauteur 22 pouces, largeur 18 pouces.   200

Jacques van Artois.

25 Un paysage ; le fond est une forêt, avec des figures. Ce tableau peint sur bois porte 15 pouces 6 lignes de haut, sur 18 pouces 9 lignes de large. Il vient du cabinet de M. de Jullienne, n°. 161.   12 2

Gryef.

26 Deux tableaux sur bois, représentants du gibier, & des figures dans   100

un payſage : ils ſont peints ſur bois,
& portent chacun 13 pouces de haut,
ſur 10 pouces de large.

Amilton.

30   27 Des oiſeaux & des inſeſtes peints
ſur bois : hauteur 15 pouces, largeur 12 pouces.

Pierre Breughel.

19.19   28 Deux payſages ſur bois, chacun de
13 pouces de haut, ſur 10 pouces
de large.

Van Bloom.

22   29 La Converſion de St. Paul. Ce tableau porte 24 pouces de haut, ſur
20 de large.

B. V.

37   30 Un jeune berger gardant ſon troupeau, & careſſant ſon chien. Le
fond de ce tableau eſt du payſage
avec des rochers : hauteur 19 pouces, largeur 15 pouces.

ECOLE FRANÇOISE.

Antoine Watteau.

31 CINQ figures de caractere, dont une femme qui tient un livre de musique, & un homme qui joue de la flûte traversiere dans un jardin.

Ce tableau agréable & dont la touche est facile, spirituelle, & le coloris excellent, est peint sur bois ; il porte 13 pouces de haut, sur 10 pouces de large.

32 Un autre tableau de *Watteau*, composé d'un homme qui tient une flûte à côté d'une femme qui le regarde. Il est peint sur bois, hauteur 11 pouces 9 lignes, largeur 9 pouces.

Jean-Baptiste Pater.

33 Un tableau composé de trois figures, dont une femme qui se lave les pieds dans un ruisseau formé par une fontaine.

B

Ce morceau est d'un coloris très agéable ; il est peint sur toile qui porte 11 pouces 6 lignes de haut, sur 14 pouces 6 lignes de large.

Etienne Jeaurat.

300-2   34 Enlévement fait par la Police. Ce tableau qui mérite considération, a été gravé par Cl. Duflos. Il est peint sur toile, hauteur 19 pouces 6 lignes, largeur 22 pouces.

60   35 Une bergere coquette, assise & gardant ses moutons ; un berger qui la regarde est près d'un arbre derriere des rosiers. Ce tableau agréable est aussi de *M. Jeaurat* ; il est sur toile qui porte 2 pieds de haut, sur un pied 8 pouces de large.

François Boucher.

736   36 Un berger dormant auprès de la bergere qui le pare d'une guirlande de fleurs : des moutons, un beau vase, des rosiers & de jolis arbres enrichissent agréablement les fonds de ce beau tableau, qui est peint

fur une toile de 2 pieds 9 pouces de haut, fur 2 pieds 2 pouces de large. Il a été gravé par Jean Aliamet. Le titre que porte cette estampe est: *La Bergère prévoyante.*

Joseph Vernet.

37 Un payfage, & des bâtiments fur des rochers proche d'une rivière où font des femmes qui fe baignent, & d'autres qui en font forties.

Ce tableau eft d'un coloris chaud & d'un mérite fupérieur; il eft peint fur cuivre; hauteur 11 pouces, largeur 16 pouces. L'Eftampe qu'en a gravée *J. Aliamet,* eft intitulée *le Soir.*

Antoine le Belle.

38 Une vue de mer: fur le devant beaucoup de figures, à droite des montagnes. Ce tableau eft très riche de compofition, & d'un bon effet; il eft peint fur toile, qui porte 4 pieds 11 pouces de haut, fur 6 pieds 11 pouces de large.

Jean-Baptiste Oudry.

50　39 Un tableau peint fur toile, de 3
pieds 1 pouce de haut, fur 2 pieds
6 pouces de large ; il repréfente des
bigarades & des citrons dans une
jatte ; une bouilloire de cuivre fur
fon réchaud ; un lapin & une perdrix attachés à un croc.

Oudry le Fils.

51　40 Deux tableaux ; l'un repréfentant
un barbet qui prend un canard,
l'autre, un lievre & une perdrix
attachés à un tronc d'arbre. Ils font
peints fur toile, & portent chacun
2 pieds 5 pouces de haut, fur un
pied 10 pouces de large.

Le Clerc.

120　41 Deux fujets amufants peints fur
toile ; hauteur de chacun 9 pouces,
largeur 11 pouces 6 lignes.

Jean-Baptiste Déshays.

240　42 La Charité Romaine ; figures de

grandeur naturelle, vues jusqu'aux genoux.

Ce tableau dont le mérite supérieur est reconnu, est peint sur toile de forme ovale; hauteur 3 pieds 9 pouces, largeur 3 pieds.

Francisque.

43 Deux payfages, de forme ronde, dont le diametre est de 6 pouces. 6·12

44 Le repas chez le Pharifien, d'après Paul Véronefe. 50-8

Bénard.

45 L'attelier d'un Peintre; on le voit à fon chevalet, & fa femme qui est affife parlant à un de fes deux enfants. Ce tableau est facilement peint fur bois : hauteur 6 pouces, largeur 4 pouces. 18·3

Le Febvre.

46 Un joli tableau peint fur toile, de figure ovale; hauteur 21 pouces, largeur 16 pouces. On connoît l'estampe gravée en 1765, fous le titre de *La nouvelle Héloyfe.* 181

Le Nain.

200   1   47 Une belle femme jouant de la
mandoline. Ce tableau éclairé à la
bougie est très agréable : hauteur 4
pieds 6 pouces ; largeur 3 pieds 6
pouces.

Charles de Lafosse.

18 . 2   48 Une Madeleine dans le désert :
plusieurs Anges que l'on voit sur
des nuées forment concert : sur toile
qui porte 15 pouces de haut, sur
20 pouces de large.

Blanchard.

125   49 Un tableau piquant de coloris : le
sujet est une femme qui se met au
bain, une suivante & deux autres
femmes l'accompagnent. Il est peint
sur cuivre ; hauteur 26 pouces ; largeur 24.

Trémolliere.

180   50 Deux Amours parcourant les nues
pour rassembler les deux colombes
de Vénus. Ce tableau est ovale,

dans une bordure quarrée en de-
hors. Hauteur 3 pieds 4 pouces, largeur 2 pieds 3 pouces.

Patel.

51 Un payſage avec figures & animaux,
tableau agréable, fin & de bonne
couleur ; il eſt peint ſur une toile de
38 pouces de haut, ſur 27 pouces de
large.

Ch. Ant. Coypel.

52 Deux tableaux intéreſſants : hauteur chacun 27 pouces, ſur 38 pouces de large. L'un a pour ſujet trois
jeunes perſonnes faiſant jaſer un per-
roquet ; l'autre eſt compoſé de quatre figures dont trois vieilles femmes qui veulent éteindre une bougie ; l'une ſouffle en haut, l'autre
en bas, & la troiſieme de côté.

53 Une jeune perſonne connue ſous
le nom de la petite Frileuſe, peinte
auſſi par *Ch. Ant. Coypel*, ſur toile ;
hauteur 27 pouces, largeur 22 pouces.

54 Un tableau de gibier fait d'après
nature, faiſand, canard ſauvage &

perdrix au pied d'un arbre ; un chien couché fait la garde ; hauteur 3 pieds 8 pouces, largeur 2 pieds 10 pouces.

F. de Troye.

55 Un joli paysage de 30 pouces de haut, sur 24 de large.

J. B. Oudry.

56 Un tableau de même grandeur que le précédent, représentant un faisand, un canard sauvage, lapins, &c.

J. B. Monnoyer.

57 Deux tableaux peints en 1670 ; hauteur chacun 2 pieds 3 pouces, largeur 1 pied 10 pouces. Ils représentent des fleurs & des vases.

Sébastien Bourdon.

58 Un tableau, de 18 pouces de haut, sur 14 de large, on le croit de Séb. Bourdon : il représente une place publique, où l'on voit, entres autres figures, un Charlatan qui arrache une dent à un vieillard.

59 Un Christ, accompagné de la Madeleine, peint par *Bertin.*

TABLEAUX

En Miniature en pastel & autres

60 Vénus fortant du bain, & caref-
fant l'Amour. Cette belle miniature eft de M. *Charlier.* Elle vient
du cabinet de S. A. S. le Prince de
Conti, n°. 915.

61 Un tableau en miniature, renfer-
mé fous double glace ; la bordure à
deux faces, d'un côté eft le portrait
de Mgr. le Duc d'Orléans Régent ;
de l'autre, un fujet de Silenne, que
l'on dit être de *Muffé.*

62 Une jeune fille tenant une fleur ;
tableau au paftel par *François Boucher :* hauteur 10 pouces ; largeur
8 pouces.

63 Deux petits tableaux repréfentants
des fleurs, des oifeaux & des in-
fectes, peints fur des plaques de
porcelaine de Seve.

64 Plufieurs tableaux, dont quelques-
uns originaux.

Eftampes en feuilles.

65 Atlas univerfel en cent Cartés géo-
graphiques, par M. Robert, & M.
de Vaugondy fon fils, Géographes

du Roi, à Paris, chez Antoine Bou-
det, Libraire & Imprimeur du Roi,
rue S. Jacques, 1752, grand *in-fol.*

66 Les Métamorphoses d'Ovide, gravées sur les desseins des meilleurs
Peintres François, par les soins des
sieurs Le Mire & Basan, Graveurs,
in-4°. dans un porte-feuille de vélin
vert.

67 Onze morceaux des petites Con-
quêtes, par Sébastien le Clerc.

68 L'Arrivée au Sabat, & le Départ
pour le Sabat, par J. Aliamet, d'a-
près Teniers ; le Jeu de Trictrac,
par J. Bauvarlet ; & quatre Wouwermans, dont trois gravées par J. Moyreau.

69 Six Estampes d'après Berghem,
A. Vandenveld, Ant. Vandernéer,
& David Teniers.

70 Cinq autres d'après Jeaurat, Greu-
ze, A. Baudouin & Lefebvre.

71 Huit épreuves, & une eau-forte
de la Bergere Prévoyante, gravée
par J. Aliamet, d'après F. Boucher.

72 Sept Estampes d'après J. Vernet,
par J. Aliamet.

73 Sept Epreuves d'une Estampe intitulée le Soir, par J. Aliamet, d'a-
près J. Vernet.

74 Vingt-deux Estampes diverses.   1. 12

76 Trois Portraits d'après Aved, par Balechou ; celui de M. de la Chalotais, & sept Desseins.   2. 11

Estampes sous verre.

76 Le Modele Honnête, d'après P. A. Baudouin, par Moreau le jeune & Simonet.   3.

77 Le Jeu de Trictrac d'après D. Teniers.   1. 11

78 La Fontaine des Chasseurs, & le Cabaret, d'après Wouwermans, par J. Moyreau.   2. 10

Bronzes.

79 Hercule antique, hauteur 8 pouces, sur un pied d'ébene.   23. 4.

80 Quatre autres petites figures.   24

81 Une Femme qui s'arrache une épine du pied droit ; elle est sur un pied, hauteur total 5 pouces.   24

82 Diane & Athalente en pendants, ces jolis bronzes portent chacun 9 pouces de hauteur, non compris des pieds à quatre consoles de bronze doré.

83 Deux Chiens couchés, en pendants sur des socles ; le tout de bronze doré.   27

Marbres blancs.

84 Une Bacchante aſſiſe, par M. Bro-che le jeune, hauteur 12 pouces, ſur un pied de bois doré.

85 Un Buſte d'Homme en médaillon, dont le diametre eſt de 8 pouces.

Stuc.

86 Hercule armé de ſa maſſue, hauteur 7 pouces.

87 Un Lion en attitude de ſe jetter ſur quelque choſe.

Cire.

88 Deux Bas-reliefs ſous verre.

89 Pluſieurs Vaſes, & autres morceaux de Porcelaine que l'on détaillera.

F I N.

Lu & approuvé, ce 28 Mars 1778.

R O B I N.

Vu l'approbation; permis d'imprimer, ce 28 Mars 1778. LE NOIR.

De l'Imprimerie de D I D O T l'aîné, rue Pavée Saint-André-des-Arcs, 1778.